생의 바다를 건너다

시문고

생의 바다를 건너다

초판 인쇄 2021년 1월 29일
초판 발행 2021년 2월 3일

저 자 이부자
발행인 방인태
발행처 에세이아카데미

출판등록 2019년 2월 14일 제2019-000024호
주 소 01113 서울특별시 강북구 도봉로77길 6, 702호(수유동, 이테크벨리 오피스텔)
전 화 010-8886-1491
이메일 hongsan1305@naver.com

ISBN 979-11-967770-5-0 03810
값 9,000원

*이 책의 저작권은 저자에게 있습니다. 저자 허락 없이 무단 전재 및 복제를 금합니다.
*잘못된 책은 바꿔드립니다.

이 도서의 국립중앙도서관 출판 시 도서목록(CIP)은
서지정보유통지원시스템 홈페이지(http://seoji.nl.go.kr)와
국가자료공동목록시스템(http://www.nl.go.kr/kolisnet)에서 이용하실 수 있습니다.

■ 시인의 말

너른 평원에 혼자 서 있는 나무를 본 적이 있습니다.
곁에 작은 나무라도 있으면 좋겠다고 생각해보았습니다.
외롭고 슬퍼 보였던 나무가 가을이 되자 열매를 맺고
옷을 갈아입기 시작하더니
먼발치로 지나던 사람들의 시선을 받기 시작합니다.
오늘의 제 모습이 거기 있었습니다.

지치지 않는 열정 하나만으로 가슴에 온도를 유지하며
나의 걸음마다 담긴 이야기를 보석으로 바꾸어
빛을 내고 싶었습니다.
주렴으로 내걸린 창가에 모여앉아
밤이 새도록 두런거리며 이야기하고 싶은,
평범한 아낙의 진솔한 삶의 이야기입니다.
그간 지켜보며 응원해 주신 모든 분들께 감사드립니다.

2021년 정월에
이 부 자

■ 차례

1부

내 것이 돌아오다 • 13
결핍은 축복으로 가는 신호등 • 14
노래하는 아침 • 16
집이 열리는 나무 • 18
구름 • 19
키위 • 20
외할머니의 사랑 • 21
들길에 서면 • 23
가을 풍경 • 24
이대로 흘러가리라 • 26
꿈을 가꾸다 • 28
유민이 • 30
삶 • 31
사랑 • 32
반성 • 33

2부

생의 바다 • 37
빚쟁이 • 38
본질에 대하여 • 39
흔적 • 40
봄 마중 • 41
잃어버렸던 말 • 43
흑룡강가에서 • 44
그때는 그랬지 • 46
건조증 • 48
낯선 길에 서서 • 49
거미 엄마 • 50
기도 • 51
혼밥 • 52
한파주의보 • 53
콩 • 55
짝사랑 • 56

3부

서각 · 61
난파선 · 62
폭우 · 64
딸의 노래 · 65
불청객 · 67
백두산 · 68
신호등 앞에서 · 70
뻐꾸기 울음 · 71
탈 · 72
친구 · 74
어느 노인 · 76
민들레 · 78
봄 1 · 79
봄 2 · 80
그곳에는 · 82

4부

백제 도읍지에서 · 85
우리 엄마 · 86
봄날에는 · 88
봄이 오면 · 90
나물 · 91
지심도 동백꽃 · 92
어떤 이별 · 94
반추 · 96
섭생 · 98
뜨개질 · 99
아버지 · 100
번민 · 103
갈대 · 104
꽃비 · 106

■ 해설 | 이승하(시인 · 중앙대 교수) · 107

1부

내 것이 돌아오다

매정하게도 걷어차고 떠나갔던 명사들이
언제부터인가 다시 찾아와 장신구처럼 매달렸다
긴 시간 지난 뒤
잊지 않고 찾아온 그 낱말들
학생
배움
졸업
등단
그리고 시인이라는 낯선 이름까지

늦게 찾아와 나의 울타리가 된 소중한 언어를 가지고
회색빛 삶의 바탕에 알록달록 수를 놓는다

결핍은 축복으로 가는 신호등

허기진 발걸음은 가보지 못한 곳에 대한 그리움이고
목마름이고 호기심이 되어
자주 눈가를 적시곤 하였지
작아진 자아는 숨을 곳을 찾아 혼자만의 시간 속을 걸으며
절망 가까이 서성이기도 하고
어깨는 스스로 더욱 작아지기도 했지
결코 포기할 수 없는 오기 하나로
좁고 굽은 길 걷고 걸어서 도착한 오늘

유난히 춥고 매서웠던 지나온 날들
돌아다보며 이제는 춥지 말자고, 이젠 울지도 말자고
여린 가슴에 따뜻한 다짐의 모포 하나를 두른다

이 산 저 아래 작은 창가엔 온화한 등불 밝히고
오늘까지 걸어오느라 피곤에 지친 나의 몸과 마음 내려놓고
물집 잡힌 두 발 뻗어 내 영혼 쉴 곳,
그곳에 오두막 집 하나 있으면 참 좋겠다

따뜻한 차 한 잔을 손에 들고 웃어줄 수 있는 사람도
곁에 있는
평범하고 포근한 저녁

그 저녁에 할 수 있다면 크고 정확하게 나는 노래하리라
이룬 자의 행복을
승리자의 노래를 목청껏 부르리라

노래하는 아침

어둠은 길게 따라왔어 아킬레스건 아래
오래도록 떠날 줄 모르고 몸의 일부가 되어
긴 날들을 곁에 있었어
미처 오지 않은 날들의 색깔은 상상도 하지 못하고

반복의 반복을 거듭한 채로
그렇게 지쳐갈 때 아침이 온 거야
꿈처럼 울음도 멈추고 시야도 밝아진
내 생애 어느 날 황홀한 아침이 오자
눌러앉았던 어둠은 오간 데 없이 사라져
온통 밝음뿐이야

이런 좋은 날이 몽땅 내 것으로
앉으나 서나 즐거움뿐이야 살아보는 거야
절망이란 생각은 하지 말고 흔들림 없이
삶과 마주하고 나면 반드시 이기는 거야
그런 날이 올 거라고 믿음만 버리지 않으면

노래하는 그날이 꼭 오는 거야

오늘처럼 이렇게

집이 열리는 나무

내 몸의 뼈와 살을 가지고 나온 몸 밖에 몸
젖꼭지가 헐도록 파먹던 악착스러운 분신
무수한 날이 지나고 앉았던 자리 떠난 지 오래
고요 속에 날카롭게 일어서는 사념을 사포질한다
드문 안부는 날마다 대문 밖에 귀를 내건다

할 수만 있다면 내 몸 커다란 나무 되어
굵어진 허리 어디쯤에 고성능 엘리베이터
한 대 세우고 튼튼한 가지 끝에 작고도 예쁜 집
하나씩 매달아 오르내리며 살게 하고 싶다
아침저녁 그 아이들이 만드는 웃음소리로
보약을 먹으며 미끄러지듯 가는 세월의 속도
조금은 늦추고 싶다

퇴색의 줄을 긋는 계절의 바람 앞에서
닳아진 무릎은 오늘의 안녕을 물으라 하는데

구름

목화솜 돌돌 말아다가
은사 금사로 수놓아
원앙금침 만들어 울 어머님
고된 삶
누이고 싶다

청상에 시린 몸
녹이어 빗장 지른 마음에
함박꽃 같은 미소로 어둠 드리운
그늘 걷어내고 싶다

키위

속 보는 겉이라는 말이 있지
수많은 오류를 범하고도 고칠 수 없는
오래된 고질
시각에서 밀려난 고뇌
손에서 느껴지는 껄끄러운 생김새

내면을 읽히는 데는 시간의 희생이 따르고
못난 것은 슬프도록 늘 뒷전이다
한때 사랑했던 사내의 아찔한 허당
보이는 것만이 참이 아니라는 것을
이제야 구별이 된다네

넉넉하게 달콤함이 숨어 있는 너
동그라미 안에 숨은 파란 기운 돋우어
까만 씨앗의 꿈을 키워도 좋을 듯

외할머니의 사랑

수업을 마치고 달려 나온 운동장
키 큰 미루나무 아래 하얀 모시옷 입으신
키 작은 나의 할머니 오뚝하게 서 계셨다

인자한 눈망울엔 사랑 가득 오매불망
염려와 근심 마르지 않는 따스함으로

비가 오면 우산을 들고
맑은 날에는 기다림으로 그 자리에
나무처럼 서 계셨다

치마를 들치면 고쟁이 속 깊이
감춰진 붉은 사탕 하나
달콤함이 따라 나오고
허기진 내 앞에 당신의 물 말은
밥마저 밀어 주시던 그 사랑

＜

꼬깃거리는 쌈짓돈 쥐여 주시고

토닥거리던 온기

아버지의 빈자리까지 안아 주시던

언 가슴 녹이는 햇볕 같은

나의 할머니

살면서 힘겨운 날

유독 그 품 그리워 자아내던

뜨거운 눈물

아직도 그 포근함이 그리워

옛길을 더듬네

들길에 서면

이른 아침 들길에는
이름 모를 꽃들의 들리지 않는
함성이 물결을 이룬다

저마다 지난밤
어둠 밝힌 사연
구구절절 고개 들어 빛을 발한다

노랑 빛, 하양 빛 사연
현란한 들길에는 꽃들의 수다로
황금빛 찬란한 아침이 열리고 있다

가을 풍경

버스가 도착하고

일 세기쯤 된 박물관이 내린다

굼뜬 그림자도 따라 내린다

핏기 없는 얼굴 활처럼 굽은 어깨

구석구석 오래된 얼굴이 울울하다*

펴지지 않는 관절이 저음으로 멜로디를 만들고

더딘 걸음은 이미 서두름을 버렸다

머리엔 푸석함이 앉아 졸고 멀어진 사물은

렌즈가 줌으로 당긴다

피부엔 저승꽃이 잔물결이다

목소리에는 무게가 있고 시대를 이어온 위엄

워낭처럼 쩌렁거린다

새벽길 잠든 새들을 깨우는 지팡이처럼

땅을 구르며 지나고 허리 굵은 느티나무 아래

평상엔 오목을 두는 각기 다른 낡은 박물관들이

한가로운 시간 속을 배회한다

들길에 서면

이른 아침 들길에는
이름 모를 꽃들의 들리지 않는
함성이 물결을 이룬다

저마다 지난밤
어둠 밝힌 사연
구구절절 고개 들어 빛을 발한다

노랑 빛, 하양 빛 사연
현란한 들길에는 꽃들의 수다로
황금빛 찬란한 아침이 열리고 있다

가을 풍경

버스가 도착하고

일 세기쯤 된 박물관이 내린다

굼뜬 그림자도 따라 내린다

핏기 없는 얼굴 활처럼 굽은 어깨

구석구석 오래된 얼굴이 울울하다*

펴지지 않는 관절이 저음으로 멜로디를 만들고

더딘 걸음은 이미 서두름을 버렸다

머리엔 푸석함이 앉아 졸고 멀어진 사물은

렌즈가 줌으로 당긴다

피부엔 저승꽃이 잔물결이다

목소리에는 무게가 있고 시대를 이어온 위엄

워낭처럼 쩌렁거린다

새벽길 잠든 새들을 깨우는 지팡이처럼

땅을 구르며 지나고 허리 굵은 느티나무 아래

평상엔 오목을 두는 각기 다른 낡은 박물관들이

한가로운 시간 속을 배회한다

<

곱게 물든 생의 모습이 만추 속에 한 폭의

그림으로 모여 있다

*울울하다: 마음이 상쾌하지 않고 매우 답답하다.

이대로 흘러가리라

운두령 고개 능개비 내린다

비바람 맞으며 험한 길 올라

가쁜 숨 고르며 여기 서 있다

인동초 줄기마다 강한 생명의 더듬이

허공을 향한 몸짓 한 걸음이 힘겹다

희망을 안고 선 모습

석양에 걸린 불타는 노을빛이어라

잡은 것 무엇인가

잡으려 하는 것 또한 무엇인가

뿌연 안개 빗속

부족한 시력으로 앞을 향한다

먹먹한 가슴

그리움으로 토해내리라

목청 돋우어 희망의 노래

불러보리라

찌꺼기처럼 안고 산

미움과 원망

흘려보내고 가벼운 몸과 마음

계곡의 물처럼 이대로 흘러가리라

꿈을 가꾸다

돈도 물질도 아니다
남을 위한 작은 마음 하나

장애인들의 한글 수업
지적장애인
뇌경색 환자
오른손 마비
자폐증 청년

앞에서 쌍디귿과 쌍시옷
설명하는데 갑자기 자리를 뜨는 학생
말없이 가나다라를 표본 종이에 글을 따라
쓰고 있는 나이 많은 학생

목소리는 점점 커지고
땀방울은 삐질 나와도
나

저들을 향한 열정

접지 않으리라

그대들의 발등에 작은 불빛 달리는 날까지

유민이

늦은 밤
까똑
할너니 보고 싶어요, 라고 사위의 전화로 날아온 문자
나를 일으킨다

잠결에 생각해 보다가 이제 글 배운 일곱 살이 되는 손녀인 것 같아
유민이니?라고 물었다
네, 하고는 이모티콘을 네 개나 날려 보낸다
요것이 벌써 자라서
왜 아직 안 자 어서 자야지
키 많이 크려면 어서 자야 해
잠들었는지 답이 안 온다

보고 싶다는 말에 놀라 그만
하얗게 날을 새고 말았다

삶

앞다리가 쭉~
뒷다리가 쭉~

조용하던 공간에 청량한
개울물 같은 소리가 졸졸 흐른다
사람이 자식을 낳고
그 자식이 또 자식을 낳고

자식의 그 자식이 노래하고
놀다가 돌아가고 다시 그리워하고

나는 그 노랫소리에 행복하고
다시 그리워질 그 노래

하루가 저물고 그렇게 시간이 흐른다
한 생이 살금살금 뒷걸음으로 달아나고 있다

사랑

한 번 잃음으로도
가슴속은 이미
사막이다

바위가 모래알 되듯
물기 없는 목 넘김
그렇게 시들어 가는 것
그럼에도 갈망하는

반성

죽은 듯 잠자던 군자란
햇살 간지러움에 기지개를 편다
겨우내 게을렀던 마음 분주하게
분갈이를 한다

튼실한 뿌리 한쪽 개미 가족
아프도록 갉아 먹힌 생존 현장
의연한 채 서 있던 성성함
깊은 곳
도둑처럼 갉아 먹혀도 모른 채
황금 꽃을 피워야 할
너

꽃피우지 못한 것은 모두
나의 게으름이고
나의 잘못인 것을

2부

생의 바다

전철 속 마주한 군상들이 졸고 있다
저마다의 삶을 눈꺼풀 위에 얹고
찰나 충전의 시간

내리실 손님은 오른쪽입니다

친절한 안내에 놀란 인생의 주인
황망히 뛰어내린다
매달린 삶의 무게를 달고

몸부림치듯 세파를 가르며
종일 피라미만큼의 생존의 떡과
노래미 같은 자식을 위한 처절함과
지친 무릎, 힘을 다해
바다로 간다

생존으로 흘린 눈물처럼
짜디짠
생의 바다로 간다

빚쟁이

팔공산 갓 쓴 돌부처 무릎 아래
두 손 모아 백팔 배 기도하는 여인
차가운 가을비 머리에 이고
빚쟁이의 소원 비는
어미의 낮아진 숭고함

열 달 품어 가슴에 안고 굵은 뼈로 바꾼 세월
아직 갚을 빚 태산이란 말인가

천사백이십여 계단 힘겨운 어미들의 고행
마디마다 고이 접어 인향을 사른다
새벽 염불 소리 차디찬 하늘을 깨우며
애간장 녹는 줄을 부모와 자식으로 만난 인연은
아는지 모르는지

자식 위한 어미의 기도
온몸으로 운다

본질에 대하여

열매가 달거든 그 나무의 뿌리를 보라
생명의 근원이 어디에서 오는지

흔적

내가 잠시 머물던 자리에

누군가 다시 와 머물

꽃자리

배려가 돌아본 그곳에는

사람의 향기로 아름다운 자리

봄 마중

까마득한 그리움이 누웠던 긴 겨울
마음이 몹시도 보채던 날
먼 길 돌아 다시 만나려고 길을 나섰다
달뜬 마음 푸른 바다 언저리에 쏟아놓았다
통영 바다 위엔 여린 봄이 춤을 추고
두텁고 지루한 겨울의 잔상은 미륵산 고개 너머로
도마뱀처럼 달음질하고 산을 오르는 춘객
마음이 남풍 따라 속삭인다

종달새 날갯짓에 겨우내 움츠렸던 나무
살포시 눈을 들어 혀 같은 싹을 내밀고
해풍 따라 수면 위엔 은비늘이 찬란하다
앞서간 나그네 발자취 따라
홍안의 미소 지으며 진달래
다시 피어나겠지

＜

청마가 거닐던 바람의 언덕에도

붉은 봄이 자지러질 거야

철썩이는 파도가 육지의 엉덩이를 얼싸안고

엉큼하게 누워 버리면

꽃들의 간드러짐이 차마 보기 역겨운 날

새들의 수다는 하늘 가득할 거야

그렇게

그렇게 봄날도 찬란한 춤을 추겠지

잃어버렸던 말

쉰넷
성격만큼 서둘러
떠나가신 후

잊었던 한 마디
엄마라는 말
녹슨 채 혀 아래
숨어 있던 나의 고향

삶의 무게를 더하는 날에
소리 없이 불러보는
엄마

그 한마디가 불현듯
아프다

흑룡강가에서
−러시아 이상설 독립운동가 비문 앞에서

봄 햇살이 따가웠다

그리운 임을 찾은 강가

검붉은 물줄기가 위용 있게 흐르고 있다

마치 살아 있는 용의 등줄기처럼

한국인의 용맹스러움처럼 꿈틀거린다

드넓은 초원

발길조차 드문 곳

버려지듯 세워진 비문 하나

죽어서라도

육신의 가루라도

조국의 품으로 스며들고파

흑룡강가에 뿌려진 그의 넋

<

지금도 동해를 향해 흐른다

아직도 이국의 하늘가를 떠도는

애국의 마음과 정신

먼 하늘 끝

흑룡강가에서

꿈틀거리며 흘러간다

그때는 그랬지

겨울바람에 자리끼까지 얼어붙을으라치면 빈 배를 안고 잠자리에 들어야 하는 민초들은 더욱 추워야만 했다

뉘엿뉘엿 빨랫줄 위로 묘기하듯 짧은 해가 숨어버릴 즈음, 동네 아낙들과 배고파 자라지 못한 여자애들은 자신들의 배고픔만큼이나 큼직한 그릇 하나씩 들고 담벼락에 적어둔 날짜를 용하게도 기억했다가 너른 빈터 한가운데로 모여든다 바람보다 더 시린 현실의 냉혹함이 세차게 가슴을 후비는 날

누가 만든 줄인지 어디서부터 시작했는지 꼬불꼬불 자신들의 몸으로 생명 같은 人 줄을 만들어 세운다 낡은 트럭이 흙먼지를 날리며 위세도 당당하게 들어와 주린 영혼들을 향해 먹이 주듯 부강한 나라 양키들이 먹다 버린 배부름의 찌꺼기에서 걸쭉한 부산물을 들춰내 고수레하듯 먼저 땅 위로 던져진다 고기라도 든 날에는 좀 더 비싸게 그렇지 않은 날에도 헐값이 아닌 그들의 피 같은 자존심과

맞교환이 된다

코쟁이 배부르므로 쏟아놓은 잔반에서 태우다가 만 디럭스가 배영을 하고 질겅거리다가 뱉은 페퍼민트 향기를 덧입은 껌 쪼가리를 찾아야 하는 슬픈 눈빛들이 별처럼 빛이 난다 집집이 똑같은 냄새로 차려진 식탁은 하얀 소다 한 술이 유일한 양념이 된다 연탄불이 소독을 해 준다 그리고

그리고,
15촉 전구 불 아래 모처럼 풍요로운 저녁의 배부름이 뒹군다

건조증

메말라 뻑뻑한 눈
의사의 말
건조증입니다

줄
줄
흐른다

온종일 멈추지 않고
말랐다는 눈에서

가슴 저 아래
그리움이 봇물 터진 듯

낯선 길에 서서

더는 한 걸음도 나갈 수 없는 절벽에 닿았다
눈 감아 보지 않으려던 세월
머리에 이고 귀 닫아 듣지 않으며
터벅거린 흔들림
초침 잃은 시선으로

낙뢰 속에서도
지친 무릎을 세울 수 있는 힘
그것은 어미란 이름이었다

벽(壁)을 안고 온 옹이 박힌 가슴
베어내지 못한 용기 없는 미련
흙탕물처럼 소용돌이치던
지난날들을 지운다

붉은 석양녘, 낯선 길을 찾아
가보지 못한 길 위에 서 있다

일몰은
이미 숨어드는데

거미 엄마

끊어질 듯 눈물

머금은 한 가닥

연약한 줄 잡고

흐느적 또 흐느적

미세한 바람결에도

쓰러질 것 같은

연약한 거미 엄마

춤춘다 하네

춤춘다 하네

흔들리는 껍질을 보며

춤춘다 하네

울 엄마

춤춘다고 하네

기도

깨끗하게 닦인 거울
아침 햇살에 비친 흔적 하나

수건으로 부드럽게
문지른다

닦인 것 같아 미소
한 아름
마음 앞에 두고

다시 보니 눈물 흔적도 앉았다

닦고 닦아도
하얀 마음에 때가 앉는다

눈으로
입으로
귀로
날아드는 온갖 더러움이

혼밥

슈퍼에 진열된 콩나물을 보자
오래전 애들과 따끈하게 지은 콩나물밥에
달래장 만들어 먹던
어느 날인지 모를 추억 한 장면이
진열장 앞에 어른거린다

쌀과 콩나물을 씻어 전기밥솥에 안쳤다
다시마도 한 조각 넣고 코드를 꽂아 밥을 지었다
달래장에 깨소금과 참기름을 듬뿍 섞어 옛 맛을
기억하며 수저 가득 입에 넣었다
한 술 두 술
한 그릇을 다 먹어도 예전의 그 맛이
아니다

엄마 너무 맛있어 나 더 먹어도 되지

그릇 바닥을 박박 긁으며
입맛 달게 먹던 내 삶의 양념 같은 아이들

밥은 잘 먹고는 있는 거니

한파주의보

【Web발신】
1월 27일 계양구 한파주의보 발효 중
노약자 및 어린이 등 재해 약자 동파 방지 화재 예방 등
겨울철 안전사고에 유의하여 주시기 바랍니다

문자로 날아든 한파주의보
매스컴이 피부로 느끼는 추위가
대단하다고 엄살이다

동검도 앞 물 빠진 바다도
등껍질을 세웠다
성난 물고기 비늘처럼

지난밤 홀로 누웠던 칠십대 노인
고독사를 당했다는
아침 뉴스가 슬프다

<

고독사가 아니라 고립사라고
누군가는 말했다

있어야 할 곳이 아닌
서늘하고 칙칙한 노년의 어둔 방
섬처럼 떨어져 나온
섬 같은 곳에 갇혀서
그렇게 또 하나의 추운 별 하나
떨어지던 날

맥없는 뉴스만 혼자 떠든다

콩

서른도 되기 전 사랑을 도둑맞은 여자
제정신으로는 살 수 없었던 삶이었으리라
품 안에 어린 꽃 같은 생명
자라면서 원수 같은 서방을 꼭 닮았으니
얼마나 미웠으랴
어느 날
이유도 없이 날아든 엄마의 독설과 도리깨질
타작마당에 콩처럼 두드려 맞으며 듣는 말

지 아비 닮은 년

마음만 아프면 될 것을
때리는 팔인들 또 얼마나 아팠으랴

그 미운 아버지 얼굴도 모르는 나는
콩 심은 데서 콩 났다고 매를 맞았다
우리 엄마 팔이 자주 아팠을
세상에 온 이유도
누구 때문에 만난 세상인지도 모르는 콩은
날마다 서러움을 먹으며 자랐다

짝사랑

주먹보다 큰 복숭아
한 상자를 샀다
자식보다 더 고운 내 새끼 먹이려고
빈약한 할미 지갑 털어서

막대 하드도 와플처럼 생긴
아이스크림도 냉동실에 자리를 만들었다
하루, 지나고
이틀, 지나도 오지 않았다
일주일도 지나갔다
복숭아도 애를 태웠는지
자알 생긴 얼굴에
검버섯까지 피었다

기다림으로 졸던 마음에 전화를 하니
어느 곳인가에서 물놀이하고 있단다
열대야보다 더 더워진 속 달래려

하나둘 꺼내 먹었다
시고 떫고 달디단 막대 하드도 맛이 없다

보고 또 보아도 늘 그립던 마음
해가 지고 있는데 현관 쪽을 바라보는
눈시울이 젖는다

3부

서각

어떤 이름 하나를 가슴에 두려고
흉골 사이를 열었다
피멍이 들도록 꾹꾹 눌러서 새기면
온몸 구석구석에서 살아온 시간이 파도를 친다
이름 석 자 앉은자리 울음이 맹수처럼 사납다

무너질 모래성이었음을 알면서도
생의 가느다란 끄나풀을 붙잡고 울던 날
나무꾼의 아내 내가 아니었을까

둘도 아닌 셋
벗을 수조차 없는 무게
터벅거리며 걸어온 여정
빛바랜 기억 그 너머
가슴에 퍼렇게 새겨진 이름
시리도록 아프다

난파선

망망한 생존의 바다
한가운데 표류하는 난파선 하나
출항부터 순탄하지 않았다
봄날에 찬란함은 이미 구름 뒤에 숨고
느닷없이 번개가 치더니 몰아치는 비바람
거센 파도에 찢기고 부서진 편주

행여 장난으로 건드리지 마라
송곳 같은 말로라도 찌르지 마라
돌멩이처럼 걷어차지 마라
그 배 뒤집지 마라

그 안에 귀한 생명 있단다
희망이 자라고 있단다
부르지 못한 노래가 있단다
미처 보지 못한 미지의 세계
꿈꾸고 있단다

＜

검은 밤

등대 불 찾아 항구에 닿으면

밤새 파도와 싸운 승리의 노래 부를 인생이란다

지친 몸 일으켜 승리의 깃발 흔들어 보이리라

어둠 걷힌 밝은 햇살 보며 크게 웃어볼 날이

반드시 오리라

그러나 아직은 캄캄한 바다

폭우

울음이 늘 배부르던 아이가 있었다
아무것도 없는
하물며 아비조차도 다른 가지의 버팀목일 뿐
하늘은 날마다 무너져 내렸다
손바닥만 한 가리개 그만큼의 위로도 없이
흔들거렸다
끝이 어딘지 앞에 무엇이 있는지조차 모른 채
남들의 것은 날마다 풍요로운 그림일 뿐
굵은 빗줄기에 흥건히 젖었다
개일 줄 모르고 비는 내리고
밝음을 잃은 낮은 유난히도 길었다

그치지 않을 것 같은 어둠 지나고 일어선 자리
글의 향기에 취해 흙먼지 날리는 마음 밭에
나만의 씨앗을 심었다 싹이 나고 자라고
하늘엔 쌍무지개가 떴다
지금 나는

딸의 노래

울 엄니 살다간
자갈밭 같은 그 길이 싫어
멀리 돌아서 와보니
다시 그 길이네

엄니의 주름진 얼굴이 미워서
닮지 않으려 했더니
손 안에 든 거울 속,
거기에 울 엄니 꼭 닮은 여자 있네

지지리도 복 없던 엄니가
무섭기만 했던 울 엄니가
몹시도 그리운 날

삶의 무게가 많이도 힘겨운 날에
가만히 물어봅니다

엄니

많이 힘들었지요

울 엄니 떠나시던 날

그 짧은 삶을 다 던지듯 떠나시던 날에도

당연히 나이 들어가는 가는 것으로만 알았던

철부지 딸은

이제야 사모곡을 부릅니다

불청객

문 열어 놓은 것도 아닌데
들어오라 손짓하여 부른 적도 없는데
봄밤 이불 속까지 점령을 했다
젖 먹던 힘으로 버티건만
개의치 않고 친구하자네

소진하여 누운 나에게
스멀스멀 기어오른다.
손가락 하나 움직이지 못하게
버티고 서서 으름장이다
나는
네가 너무 싫은데 어쩌자고

그림자처럼 곁에서 떨어질 줄 모르니
이리저리 달래 봐도 지독히도 달라붙는
외로움

백두산

남의 땅을 밟고서야 오른 민족의 머리
백두산
그 반쪽조차도 이름이 달라진 너

반세기 그리움 품고 왔건만
건너다보이는 내 나라 산봉우리
아득하기만 하구나

마음으로 얼싸안고 눈으로 가슴으로
더듬어 본다

이천칠백오십여의 까마득히 높은 기상
넉넉한 너의 품 안에 안긴 나그네는
백두와 장백으로 나뉜 이념의 골짜기에서
가슴에 흐르는 설움에 목메어 운다

＜

백두산아 아는가

언제까지 우리는 아파해야만 하는지
언제까지 우리들은 그리워만 해야 하는 것인가
언제 조각난 네 이름 다시 찾을 수 있을지

천지에 물 마르기 전
너의 머리에 태극기 휘날리는 그날을
손꼽아 보련다

신호등 앞에서

깜박 깜박거린다
시장 앞 건널목

손짐 들고 후다닥 뛰다가
멈칫

뛰지 않아도
달리지 않아도
어차피 모든 삶은
건너가야 하거늘

우리가 머물 곳
여기가 아닌데

서두르지 말자고
생각에 잡혀 멈추었다

돌아보니 너무 숨 가쁘게 살아왔다

뻐꾸기 울음

뻐꾸기가
구성지게 운다

아침부터 그리웠나 보다
남의 둥지에 맡긴 새끼가

다 자라서 제 둥지 찾아
날아간 내 살붙이가
몹시 그리워
지난밤
나도 울었단다
뻐꾹
뻐꾹

탈

인생의 무대
주변의 많은 구경꾼들
흥겨운 추임새
장단이 들썩거린다

헤벌쩍 웃는 탈을 쓰고
현란한 어깨 춤사위

그 뒤에 숨긴
눈물
한숨

드러내지 못한
限
땀으로 녹아 흐른다

젊은 중의 금지된 욕정

양반의 음탕함

치마 속에 깊이 숨은

아낙의 부정까지

가지가지 생들이 가락을

넘나들며

칠월

흙 마당에서 꽃처럼 피어난다

친구

몸의 저녁 무렵이 가까워오자 생의 언저리에서
함께 놀던 친구들
하나둘 멀어져 갔다
별똥별처럼 길게 획 하나 긋고 떠나간 친구
내 앉은 자리 누추해지자 잡았던 손 뿌리치고
등 돌린 친구
그렇게 인연의 고리 녹슬어 느슨해질 무렵
반갑지 않은 손님들이 몸 안과 밖에서 소란이다

허리를 찔러대며 제자리라고 우기는 강적
눈 꿈쩍 안 하고 시침 떼는데 두 손 들고 반기라 한다

지난해 무릎에 앉아 놀겠다는 관절 친구
간신히 달래어 보내고 이제 좀 한가한 시간
옆구리를 하도 찔러 대더니 봉긋하게 굳은살이 앉았다

＜
지금도 쩔린 자리 쓰다듬으며
살살 놀다 가라고 부탁 중이다
삭정이 같은 집에 힘센 친구가 들어와
밤잠 설치고 달래주었다

어느 노인

심곡동 골목길
눈 내려 추운 날
다섯 자 남짓 늙은 몸에
자신보다 큰 리어카에 세 포대
철의 무게가 걸터앉았다

휘청휘청 리어카
순식간에 내리막 따라 구른다
일어서다 쓰러지고 일어서다 쓰러지고
기역 자로 휜 작은 몸이
뒤따르며 고꾸라진다

아랫목에 따뜻하게 등지지고 누워
느긋한 쉼을 즐겨야 할 석양녘 나이에
수없이 넘어지고 또다시 일어섰을
고달픈 삶의 무게가 발목을 자빠뜨린다

<

한바탕 사투로 바동바동 서려 하면

그럴수록 자꾸 넘어지는 삶

날씨마저 차가운 무게로 짓누른다

민들레

연해주
너른 들녘
온통 노랑 민들레

이념의 회오리바람에 실려
차지한 이국의 땅
뻗어 내린 발끝
꼿꼿한 자존심
조선인의 긍지
곳곳마다
꽃망울 매달아

임들이 살다 간 흔적 위에

조선을
한국을
꽃피우고 있다

봄 1

소래포구
갯골에 비스듬히 누운 빈 배
금빛 햇살 걸치고 오수 중이다

물길 따라 오가던 분주함 내려놓고
흐르는 시간에 몸을 뉘었다

남풍에 날아오른 갈매기
짓궂은 함성 지르며
슬며시 비켜간다

봄 2

사흘 동안
동면하듯 잠겨 있던 현관문 열고
마을 앞 다리를 건넌다

벗어 놓은 스타킹처럼 늘어져 있던 몸
일으켜 거리에 섰다
바람이 반기듯 품 안으로 파고든다

햇빛은 머리를 쓰다듬고
순간
어깨를 누르던 먼지 같은 생각들이 사멸한다

차량들의 질주
차 안에 사람들 마치
이국인 같다

<
길 옆 늘어선 나무들 물 긷는 아낙들처럼
분주하고 파란 나뭇잎 새 옷 짓는
길쌈하는 여인같이
소리 없는 동동거림
땅을 깨운다
분주했던 나의 지난날처럼

멀리 건너 보이는 계양산
봄이 오는 길목에 겨우내 움츠렸던 마음에
화사한 봄꽃
가슴 가득 피우고 싶다

그곳에는

오랜만에 닿은 발길

빈 배처럼 텅 비었을 뿐이다
오고 가는 이들의 분주함이 발꿈치에 채이건만
네 몸에서 나던 향수 같은
비릿한 내음만 바람처럼 반긴다

통 안에 활어는 저 있던 곳으로 돌아가려고
몸부림을 치고 횟집에 나그네들 얼굴이 붉다
담장엔 오월의 장미가 발그레 취한 듯
아름다운 날
텅 빈 소래에는 너와의 지울 수 없는
흔적만이 휘돌아다니고 있다

푸르던 시절
너와의 기억들
산처럼 쌓인 소래 길에는
추억만 덩그러니 남아 있다

4부

백제 도읍지에서

백마강 기슭을 돌아 부여 읍내에 들어섰다
시골 흙 내음이 먼저 반기고 초록 융단 같은 들녘
지나가는 바람이 나그네의 품 안을 더듬는다
등 굽은 노인의 지팡이와 헐겁게 봉지 가득한 뻥튀기 가게
아낙의 한가함이 지루한 장맛비 내리는 난전에서 졸고 있다

달콤한 과일 향내가 달뜬 마음처럼
코끝에서 발길을 내어준다
거리는 흔연히 거닐었던 발자국을 기억해내고
선화공주의 사랑처럼 붉은 궁남지 연꽃은
칠월의 태양을 안고 열애 중이다

말없이 흐르는 강물은 여인들의 비명을 삼키고
천 년 세월 눈물처럼 마르지 않고 흐른다

고향같이 낯설지 않은 그곳
백화정 소나무 앞, 벤치에 남긴 지난 여름날의 기억
아련한 구름 속 거닐 듯, 고운 흔적 새겨진
부소산 등허리엔 백제의 이야기가 걸어 다닌다

우리 엄마

서울 아현동 토박이

시립병원 간호원

상사병으로 앓아누운 사내와 결혼

열아홉 살 꽃송이 피기도 전에 꺾인 채

십 년도 못 살고 다른 사랑을 찾아 떠난 남편을 둔 여인

전쟁 중 딸의 생사를 찾아 막내딸 집에 오신

외할머니 쫓아 친정 다녀오라고 며느리 등에

어린 생명 업혀 보낸 이후

시간이 아이를 키웠고

호랑이로 변하는 남 같은 엄마

아버지 닮았다는 이유만으로

마른 홍두깨질을 했다

가까이 하기엔 무섭기만 했던
건드리지 않아도 터지는 지뢰

사랑 잃은 젊은 가슴은
사막의 모래바람처럼 껄끄러웠다

성격만큼 일찍 돌아가신 후
미운 아버지 닮아서 매 맞던 어린 딸
거울 속에서 꼭 닮은 엄마를 만나고 있다

봄날에는

아직 마음 풀어헤치지 못하고 황홀한 봄날 오기만을 바라고 있는데 어느새 꽃잎 떨구며 이별을 준비하는 찰나의 인연을 마주합니다

얼싸안고 기나긴 겨울, 가슴 시린 기다림 전하지도 못했는데 야속하게 떠날 채비로 매무새 여미는 모습 애처롭기만 합니다

살면서 만난 모든 인연은 이렇듯 하고 싶은 말들을 다 전하지 못한 채 서성이다 돌아서는 것인가 봅니다

지난겨울 다녀간 딸의 손 한 번 잡아보지 못하고 훌쩍 떠나보낸 피붙이가 그리워 지난밤도 한숨으로 지새웠는데

머무는 동안 고운 눈빛보다 근심과 형태 없는 말만 비수처럼 가슴에 꽂아 놓았답니다

＜
어린 날에 복사꽃 같은 아이가
똥 같은 세상

이국땅에서의 삶이 힘에 겨웠나 봅니다
다시 찾아올 그 봄엔
내 딸의 미소가 목련처럼 화안하면 좋겠습니다

길가에 내려앉은 꽃잎은 급하게 떠나면서
남긴 딸의 눈물 같아서
차마 밟지 못하고 그대로 돌아섭니다

봄이 오면

계양산
산허리에 진달래 붉게 피면
하느재 고갯마루엔 人 꽃이 만발한다

겨우내 닫혔던 마음
저마다 이야기 봇짐 풀어내느라
얼굴엔 웃음꽃 가득한 하루
하하 호호 호호 하하
봄날이 예쁜 웃음으로 피어난다

나물

어느 봄날

향기로운 쑥 한 줌과 쪽파 머윗잎

먼 시골의 햇살이 키운 고향 냄새 담긴

검은 봉지를 선물로 내미는 사람

사랑이 봉지 가득하다

불현듯 친정 엄마의 모습이 눈앞으로 확 안겨든다

지난밤 정수리에 지은 사념의 둥지를 털고

지친 몸과 마음 일으켜 렌지에 불을 켰다

서럽도록 말라비틀어진 고향도 모르는

멸치 서너 마리

맑은 물에 던져 넣고 켜켜이 묵은 된장 한 술을 풀었다

아침 밥상에서 그 사람의 냄새가 났다

따뜻함이 목젖을 낙하하듯 미끄러져

가슴 늑골 아래 어딘가에 슬그머니 주저앉는다

어머니의 온기처럼

쑥 향기가 마디마디 스며든다

지심도 동백꽃

비 내리는 지심도
아직은 문고리를 잡다가 섬찟 놀라는 2월
비명도 없이 툭툭 떨어지는 꽃들로 마당은 온통
붉은 바다입니다

때 묻지 않은 모습으로 누워버린 주검
그 곁에서 일찍 별이 되어버린 동생을
만났습니다

홀연히 닫아버린 호흡
마른하늘에 번갯불 같은 소식에
차마 흘리지도 못했던 눈물이
발등을 찍습니다

조막만 한 허기조차 채워주지 못했던
빈곤의 시간
빈집에 혼자 남는 것이 무섭다고

울며 매달리는 손 뿌리칠 수 없어
애가 애를 업고 학교 가던 날
친구와 나 사이에 앉아 있다가
화장실이 급하다고 보채던
짐같이 귀찮았던 그 아이

홀연히 떠나보내고 희미해진 그 기억 앞에서
숲속 동박새처럼 울고 있습니다

부둣가 뱃고동 소리는 가자고
그만 가자고 돌아서지 못하는 발걸음을 재촉합니다

어떤 이별

뻐꾸기 구슬프게 우는 봄날
개미실 동구 밖
성황당 아래
봇짐 든 어미와 울며 매달리는
맨발의 어린 아들

다시 오마
널 데리려 다시 꼭 오마
작은 손에 쥐어준 동전 몇 푼

때마침 나타난 방물장수
현란한 가위질 소리에 속아 놓쳐버린
치맛자락

멀어져 가는 그림자를
따라가다 지친 아이의 가슴에 남은 온기
두고두고 그리워할 줄 몰랐다네

영영 떠나는 발길이 될 줄 몰랐다네
어린 아들의 한이 될 줄 몰랐다네

그해 봄처럼 아카시 향기는 진동하는데
개미실 뻐꾹새 울어 쌌는데
떠나간 엄마는 영영 돌아올 줄 모른다네

반추

앙상한 나목

에이듯 부는 삭풍

의연한 채 감춘 시림처럼

겨울이 깊어가는 길목

실개천 흐르던 물소리 잦아들고

동네 아이들 재잘거림도 숨은 지 오래

달랑 한 장에 걸린 삶의 인연

흔적마저도 쉬이

내려놓고 떠날 준비하는가

때론 한숨으로 때론 누추로 보낸

억겁의 시간

되돌릴 수 없는 심상

해 저물녘 가족을 이룬 기러기의 날갯짓

시린 하늘가를 맴돈다

＜
다시 온다는 기약 없이
어디로 가는가

할딱거림의 분주함조차도
세월 그 앞에 내려놓고
지나온 뒷모습 반추해 본다

섭생

지난가을 누워버린 가랑잎 사이로
솜털 달고 기지개 켜는
새봄 한 움큼 캤다

손끝 닿을 때에 놀라는 아기 같은
새싹

선택된 너를 안고 돌아오는
발걸음은 가벼우니
어야문 좋을까?

겨우내 꿈꿨을 너를
그리고
잔인하기만 한
인간들의 섭생

먹고 먹히는 세상에서 나도
너를

뜨개질

오랜만에
코바늘을 들었다
예쁜 모자 하나를 만들고 싶어서

너무 오래된 일이라 그랬을까
말꼬리 하나가 바늘 끝에 걸려서
트집을 만들었다
잘못된 계산은 이해를 허물고
자꾸 부풀어져서 모양을 바꾸고 있다

무경우의 소리가 높다
이미 수학의 개념은 무너지고
국어의 책장이 찢어진 채
부풀러진 소문만 무성하다

잘못된 바늘 끝에 올려진 하루가
아라 강줄기에서 저문다
발끝에 따라오는 한숨 소리가 어둠 속으로
숨는다

아버지

단 한 번도 불러보지 못한 그 이름
그 사랑이 어느 것인지조차 모르는 나
피붙이가 그리울 즈음 강바람 맞으며 노량진 언덕배기 올라
찾아가던 그 집
매서운 강바람이 차라리 따뜻했던 것 같다
허기진 배를 안고 돌아올 때면 경인선 기차의 기적소리가
나 대신 울어주었고

첫아이를 낳아 품에 안고
젖을 물리던 그 어느 날 저녁
당신의 손녀라고 안기고 싶은 충동에
달려간 그날도 보지 못하고 돌아오던 낯선 그 길
더듬거리며 온 것이 마지막이 되었고
이십여 년 지난 후
조카 결혼식 치르고 혼인신고하다가 알게 된 당신의 사망 소식
가슴이 한없이 아려옴으로 내가 당신의 핏줄이라는 것을
그날에 새삼 느꼈답니다

단 한 번의 따스함조차 느끼지 못한 내가
그 소식에 한동안 우울증으로 얼마나 힘들었는지
당신은 아시나요
그렇게 떠난 아버지란 당신이 야속하기도 했지만
비라도 내리거나 살기가 힘들 때에는
여지없이 당신의 생각이 나는 것은 왜일까요?

아버지
단 한 번만이라도 안겨보고 싶었고 당신의 입에서
제 이름이 불러지고 싶었답니다
아버지라는 이름의 손으로 잘했다 쓰다듬으며
칭찬하는 소리를 한번
듣고 싶었답니다 당신은 알고 계셨나요
부정이 그리워 참 많이도 흘리던 눈물
자식에게 그렇게 모질게 하고
단 한 마디 없이 세상을 떠나가실 수 있나요

＜

아버지

이 새벽 잠깨어 기억조차 없는 당신의 그 모습을 떠올려

봅니다

번민

마음이 시끄러운 날
목욕을 한다
말끔히 씻고 나왔는데

닦인 줄로 알았는데
졸
졸
따라오는 여전한 생각
문을 세차게 닫아 버렸다

먼저 들어와 앉아 있는 저
뻔뻔함

창문을 열어 버렸다
건물 밖으로 달리는 차량의
속도
그 위에 상념의 보따리 하나를 던져놓고
급하게 다시 문을 닫았다

갈대

윤기 잃은 머릿결
바람에 날리며
앙상한 몸 서로 기대어
서걱서걱 운다

텅 빈 몸 뉠 수 없는
삶이 버거워
속절없이 흔들리고 있다

젊은 날도 잠시
황혼의 저문 날

잠시 뒤면 몸조차
가누기 어려울 혹한의 시기

예정된 시간처럼 찾아올
계절의 어둠

<
코앞에 두고
헤어짐이 서러운 연인처럼
서로를 부둥켜안은 채
서걱서걱 소리 내며 운다

저만치 저녁으로 가는
어두움이 오고 있다

꽃비

떠나는 걸음조차
외롭지 않으려
바람 부는 대로 몰려간다

서로 같이
여린 살 비비며
꽃 무덤에 다다를 때까지
함께 가자며
말 없는 행렬이 순례자의
걸음이다

■ 해설

눈물처럼 짜디짠 생의 바다에서

이승하(시인 · 중앙대 교수)

　인간은 모두 추억을 먹고 산다. 그 추억이 인생의 참된 행복에 근접해 있든 고뇌의 깊은 늪 속이건 간에 말이다. 문득 스쳐 지나갈 때도 있고 골똘히 회상할 때도 있지만 우리는 추억으로부터 자유로울 수 없다. 버스를 타고 가다 앰뷸런스 소리를 듣는다고 하자. 가족 중 한 사람이 앰뷸런스에 실려 병원으로 급히 이송된 적이 있다면 당연히 그날의 정황을 떠올리게 될 것이다. 첫눈이 함박눈이라면? 외출했다가 소나기를 만난다면? 깜빡 졸다가 내릴 지하철역을 지나쳤다면? 바로 그때 우리는 추억 여행을 하게 된다. 강아지를 키우다 이별했다면 같은 종 강아지를 길에서 보고 추억을 떠올리게 되는 것은 당연지사다.

이 세상에는 시인이라는 별난 족속이 있다. 자신의 추억담을 시를 통해 이야기한다. 소설가마다 가장 큰 애착을 갖는 작품은 자신의 유년기 추억담이나 성장기 때의 에피소드를 다룬 작품이라는 말을 소설가한테 직접 들은 적이 있다. 시인도 마찬가지다. 현재의 일상을 다루기도 하고 상상의 날개를 펴기도 하지만 추억을 떠올리면서 상념에 잠기기도 한다. 졸시「나무 앞에서의 기도」를 읽은 독자 여러 사람이 전화를 해 왔다. 딴 이야기를 하다가 머뭇거리면서 이렇게 묻는 것이다. 언제 상처를 하셨나요? 왜 저한테 안 알리셨나요? 아내를 보내고 두 아이와 수목장 하는 나무 앞에서 고개 숙이고 기도하는 장면이 펼쳐지는데 이게 사실인지 아닌지 궁금해 물어보는 것이다. '문학적 진실'이 꼭 사실에 근거할 필요는 없지 않냐고 반문하면, 대다수는 시의 내용이 상상의 결과임을 눈치 채고 속았다면서 웃는다.

이부자 시인의 첫 시집에 들어갈 60여 편의 시를 읽으면서 든 생각은, 이 시는 상상의 산물이 아니라 실제 경험의 산물이라는 확신이 드는 것이다. 아주 리얼하게 그때의 상황을 다 기억해내어 시로 쓴 것이지,

사실 요만큼에 허구 이만큼을 가미해서 쓴 시라고 도저히 여겨지지 않는 작품이 대부분이다. 전화를 해서 일일이 물어볼까 하다가 독자의 한 사람으로서 작품에만 집중해야지, 내 나름의 관점에서 써야지 하면서 이렇게 컴퓨터 앞에 앉았다.

  이부자 시인은 나보다 연상이지만 제자이다. 중앙대학교 문예창작전문가과정에서 시를 열심히 썼고, 시집 낼 분량이 쌓여 내게 해설의 도움을 요청하기에 이르렀다. 만학도로서 한국방송대학교 국어국문학과를 졸업했으니, 정말 형설의 공을 이루었다고 아니 할 수 없다. 등단한 지 8년이 되었으니, 시집 발간이 꽤 늦어진 셈이다. 이제 나는 스승이 아닌 해설자로서 이부자 시인 시세계의 이모저모를 여러분들에게 들려드릴까 한다. 우선, 추억으로 여행을 떠나는 시인의 타임머신에 동승해 보기로 한다.

  서른도 되기 전 사랑을 도둑맞은 여자
  제정신으로는 살 수 없었던 삶이었으리라
  품 안에 어린 꽃 같은 생명
  자라면서 원수 같은 서방을 꼭 닮았으니
  얼마나 미웠으랴

어느 날
이유도 없이 날아든 엄마의 독설과 도리깨질
타작마당에 콩처럼 두드려 맞으며 듣는 말

지 아비 닮은 년

마음만 아프면 될 것을
때리는 팔인들 또 얼마나 아팠으랴

그 미운 아버지 얼굴도 모르는 나는
콩 심은 데서 콩 났다고 매를 맞았다
우리 엄마 팔이 자주 아팠을
세상에 온 이유도
누구 때문에 만난 세상인지도 모르는 콩은
날마다 서러움을 먹으며 자랐다

─「콩」 전문

　이 시의 화자가 시인과 동일인이라고 가정해 본다. 약간의 추리력을 발휘하여 내용을 정리해 보자. 화자의 아버지는 아내가 나이 서른도 되기 전에 다른 사람과 정분이 났다. 아내와 자식을 버리고 집을 나가 딴 살림을 차렸다. 엄마는 딸이 자라면서 자기를 버리고 떠난 남편을 닮는 언행을 하면 분노가 폭발한다. "이유도 없이 날아든 독설과 도리깨질/ 타작마당에 콩처럼 두드려 맞으며 듣는 말"이 바로 "지 아비 닮은 년"이었다. 인생의 황혼기에 접어들어서야 이제 비로소, 엄마를 이해할 수 있게 된 딸은 "마음만 아프면 될 것을/ 때리는 팔인들 또 얼마나 아팠으랴" 하는 생각을 하는 것이다. 화자는 밉기만 한 아버지의 얼굴도 모르는데, "콩 심은 데서 콩 났다고 매를 맞았"으니 이보다 더 억울한 일이 있으랴. 아무튼 엄마는 팔이 아플 정도로 '자주' 딸을 때렸고, 딸은 영문도 모른 채 '자주' 맞아야 했다. 화자인 콩은 "날마다 서러움을 먹으며 자랐다"고 했으니, 어찌 시를 쓰지 않을 수 있었겠는가. 콩이 당한 일은 세월이 흐르고 흘러도 기억에서 지워지지 않는 아픔이었다. 오죽했으면 "날마다 서러움을 먹고 자랐다"고 했겠는가. 어머니와 아버지 두 사람이 만나고 헤어지는 과정도 아래 시에 나온다.

서울 아현동 토박이
시립병원 간호원
상사병으로 누운 사내와 결혼

＜

　　열아홉 살 꽃송이 피기도 전에 꺾인 채
　　십 년도 못 살고 젊은 처자와 야반도주한 남편을 둔 여인

　　전쟁 중 딸의 생사가 궁금해 막내딸 집에 오신
　　외할머니 쫓아 친정 다녀오라고 선심 쓰듯
　　며느리 등에 어린 생명 업혀 보낸 이후

　　시간이 아이를 키웠고
　　호랑이로 변하는 남 같은 엄마
　　아버지 닮았다는 이유만으로
　　마른 홍두깨질을 했다
　　　　　　　　　　　—「우리 엄마」 앞 4연

　　기가 막힌 사연이다. '우리 엄마'는 서울 아현동 토박이로, 시립병원의 열아홉 살짜리 간호사였다. 하필이면 '상사병'으로 누운 사내의 유혹에 넘어가 결혼을 했지만 남편은 "십 년도 못 살고 젊은 처자와 야반도주"를 했다. 남편한테 버림을 받은 처지에서 아이를 키워 가야 했던 '우리 엄마'는 "호랑이로 변하는 남 같은 엄마"였다. 그녀는 자기와 딸을 버린 남편이 얼마나 미웠으면 "아버지 닮았다는 이유만으로/ 마른

홍두깨질을" 했을까. "가까이 하기엔 무섭기만 했던/ 건드리지 않아도 터지는 지뢰"는 어머니의 성정을 한 마디로 표현한 것이면서 화자의 평생의 회한을 담은 시구일 것이다. 이유도 모른 채 맞곤 했으니 어린 화자는 얼마나 난감하고 절망스러웠을까. 그런데 혈연이 도대체 무엇이기에 화자는 장성하여 아버지를 찾아간다. 딸을 품에 안고서.

> 첫아이를 낳아 품에 안고
> 젖을 물리던 그 어느 날 저녁
> 당신의 손녀라고 안기고 싶은 충동에
> 달려간 그날도 보지 못하고 돌아오던 낯선 그 길
> 더듬거리며 온 것이 마지막이 되었고
> 이십여 년 지난 후
> 조카 결혼식 치르고 혼인신고하다가 알게 된 당신의
> 사망 소식
> 가슴이 한없이 아려옴으로 내가 당신의 핏줄이라는 것을
> 그날에 새삼 느꼈답니다
> 단 한 번의 따스함조차 느끼지 못한 내가
> 그 소식에 한동안 우울증으로 얼마나 힘들었는지
> 당신은 아시나요
> 그렇게 떠난 아버지란 당신이 야속하기도 했지만

비라도 내리거나 살기가 힘들 때에는
여지없이 당신의 생각이 나는 것은 왜일까요?
—「아버지」 제2연

"당신의 손녀라고 안기고 싶은 충동에/ 달려간 그 날도 보지 못하고" 돌아오고 말았으니, 운명의 장난인가. 부녀는 끝끝내 만나지 못하고 영원한 이별을 하게 되었던 것이다. 만약 해설자인 내게 이런 아버지가 있었다면 찾지 않았을 것도 물론이지만 "비라도 내리거나 살기가 힘들 때에는 여지없이 당신의 생각"이 날 턱이 없었을 것이다. 기억에서 지우고 살려고 애썼을 것이다. 하지만 이 시의 화자는 그렇지 않다. 그래서 피는 물보다 진하다고 하나 보다.

아버지
단 한 번만이라도 안겨보고 싶었고 당신의 입에서
제 이름이 불러지고 싶었답니다
아버지라는 이름의 손으로 잘했다 쓰다듬으며
칭찬하는 소리를 한번
듣고 싶었답니다 당신은 알고 계셨나요
부정이 그리워 참 많이도 흘리던 눈물

자식에게 그렇게 모질게 하고
단 한 마디 없이 세상을 떠나가실 수 있나요

아버지
이 새벽 잠깨어 기억조차 없는 당신의 그 모습을 떠올려
봅니다
　　　　　　　　　　　　　　　—「아버지」 제3, 4연

"부자야"라는 이름, 딱 한 번만 들어보았다면 수십 년 세월 동안 흘린 몇 바가지의 눈물을 다 잊을 수 있었을 텐데, 끝끝내 들어보지 못했던 것이다. 자식에게 그렇게 모질게 하고선 "단 한 마디 없이 세상을 떠나간" 아버지, 딸은 시인이 되어 추억은커녕 기억조차 남기지 않고 간 아버지를 떠올리며 시를 썼다. 이 시가 가공하지 않은 원석이라고 해서 타박할 생각이 전혀 없다. 오히려 시적 변용 없이, 솔직하게 그간의 사연을 썼기 때문에 더욱더 가슴을 저리게 하는 감동을 준다. 세월은 아버지만 데려간 것이 아니다. "쉰넷/ 성격만큼 서둘러/ 떠나가신 후"(「잃어버렸던 말」)라고 했으니, 어머니는 너무 일찍 돌아가셨다. 어머니를 딸은 이렇게 노래한다.

울 엄니 살다 간
자갈밭 같은 그 길이 싫어
멀리 돌아서 와보니
다시 그 길이네

엄니의 주름진 얼굴이 미워서
닮지 않으려 했더니
손 안에 든 거울 속,
거기에 울 엄니 꼭 닮은 여자 있네

지지리도 복 없던 엄니가
무섭기만 했던 울 엄니가
몹시도 그리운 날

삶의 무게가 많이도 힘겨운 날에
가만히 물어봅니다
엄니
많이 힘들었지요

울 엄니 떠나시던 날
그 짧은 삶을 다 던지듯 떠나시던 날에도
당연히 나이 들어 돌아가는 것으로만 알았던
철부지 딸은

이제야 사모곡을 부릅니다

　　　　　　　　　　　　　—「딸의 노래」 전문

　아버지의 부재보다 더 힘들게 한 어머니의 폭력을 견디며 살아가야 했던 나날, 막상 어머니가 세상을 버리자 딸은 "엄니/ 많이 힘들었지요" 하면서 위로한다. 거울을 보니 미워했던 그 어머니와 똑 닮은 사람이 비친다. 누구를 닮겠는가. 딸이니 어머니를 닮을 수밖에. 어머니마저 돌아가 사고무친이 된 날, 화자는 은·원이 교차하는 착잡한 심정으로 이렇게 어머니를 외쳐 불렀던 것이다. 생의 비극성은 여기서 멈추지 않는다.

때 묻지 않은 모습으로 누워버린 주검
그 곁에서 일찍 별이 되어버린 동생을
만났습니다

　　　　　　　　　　　　　—「지심도 동백꽃」 제2연

지난겨울 다녀간 딸의 손 한 번 잡아보지 못하고
훌쩍 떠나버린 피붙이가 그리워 지난밤도 한숨으로 지새웠는데

<
　　머무는 동안 고운 눈빛보다 근심과 형태 없는 말만 비수처럼
　　가슴에 꽂아 놓았답니다
　　　　　　　　　　　　―「봄날에는」 부분

　이 시의 어느 부분이 사실이고 어느 부분이 허구인지 알 수 없는데, 생의 비극적 정황은 태생과 유년기, 성장기에서 끝나지 않고 계속해서 이어진 거라고 짐작할 수 있다. 황량한 날들이 대부분이었지만 그 시절, 그래도 따뜻한 구석이 있었던 것은 외할머니 덕분이었다.

　　수업을 마치고 달려 나온 운동장
　　키 큰 미루나무 아래 하얀 모시옷 입으신
　　키 작은 나의 할머니 오뚝하게 서 계셨다

　　인자한 눈망울엔 사랑 가득 오매불망
　　염려와 근심 마르지 않는 따스함으로

　　비가 오면 우산을 들고
　　맑은 날에는 기다림으로 그 자리에

나무처럼 서 계셨다
　　　　　　—「외할머니의 사랑」 앞 3연

외할머니로서는 일찍 소박맞은 자기 딸도 불쌍하지만 아버지 없이 커 가는 외손녀가 얼마나 딱했을 것인가. 비가 오면 당연히 우산을 들고 운동장 가에서 기다리고 있었고 맑은 날에도 기다려 주곤 한 모양이다. "아버지의 빈자리까지 안아 주시던/ 언 가슴 녹이는 햇볕 같은/ 나의 할머니" 덕분에 그 힘겨웠던 날들을 이겨내고 헤쳐 나올 수 있었던 것이리라. 이 시에서 화자는 초등학생이었지만 어느새 어머니가 되어 자식을 키운다.

엄마 너무 맛있어 나 더 먹어도 되지

그릇 바닥을 박박 긁으며
입맛 달게 먹던 내 삶의 양념 같은 아이들

밥은 잘 먹고는 있는 거니
　　　　　　—「혼밥」 후반부

가족이 한 지붕 아래서 평생 동고동락할 수는 없는 법이다. "그릇 바닥을 박박 긁으며/ 입맛 달게 먹던 내 삶의 양념 같은 아이들"이 다 분가하여 이제는 화자 자신이 혼밥을 먹게 된 것일까. 무정한 시간은 식구(食口)를 헤어지게 하고 혼밥을 먹게 한다. 이상 몇 편의 시에 담긴 아픈 가족사를 살펴보았다. 현재의 삶의 모습을 담은 시가 한 편 있어서 안도의 숨을 내쉬었다.

늦은 밤
까똑
할머니 보고 싶어요,라고 사위의 전화로 날아온 문자
나를 일으킨다

잠결에 생각해 보다가 이제 글 배운 일곱 살이 되는 손녀인 것 같아
유민이니?라고 물었다
네, 하고는 이모티콘을 네 개나 날려 온다
요것이 벌써 자라서
왜 아직 안 자 어서 자야지
키 많이 크려면 어서 자야 해
잠들었는지 답이 안 온다

> 보고 싶다는 말에 놀라 그만
> 하얗게 날을 새고 말았다
>
> ―「유민이」 전문

일곱 살짜리 손녀가 보고 싶다고 문자를 보내온다. 할머니는 너무나도 감격하여 잠이 오지 않는다. 이런 불면은 근심의 불면이 아니라 감격의 불면이다. 그래도 딸과 사위, 손녀가 이부자 시인의 삶의 기둥 역할을 해주고 있을 거라는 생각에 가슴을 쓸어내린다.

독립운동가 이상설의 비문에 얽힌 시가 있다. 시에서는 '흑룡강가'라고 했지만 이상설의 유허비(遺墟碑)가 세워져 있는 곳을 정확히 말하면 블라디보스토크 북쪽에 있는 우수리스크 우체스노예 마을 어귀의 수이푼 강변이다. 고종의 '헤이그 밀사' 3인 중 한 분인 이상설 선생은 1904년 일제의 황무지 개척권 요구에 결연히 맞서 이를 철회시켰고, 을사늑약 체결에 반대하여 상소 투쟁을 펼쳤다. 한일병합 이후 만주와 노령으로 망명하여 국권회복운동을 전개하다가 1917년 3월, 47세를 일기로 연해주 우수리스크에서 돌아가셨다. 광복을 이루지 못하고 이 세상을 떠난다며 몸과 유품을 모두 불태우고 그 재도 바다에 날린 후 제사도 지내지 말라는 유언을 남겼다. 그래서 이동녕 등은 아무르 강가에 장작을 쌓아놓고 화장하여 그 재를 북해 바다에 날렸다. 이때 선생의 책과 글, 유품도 거두어 불살랐다.

봄 햇살이 따가웠다
그리운 임을 찾은 강가

검붉은 물줄기가 위용 있게 흐르고 있다
마치 살아있는 용의 등줄기처럼
한국인의 용맹스러움처럼 꿈틀거린다

드넓은 초원
발길조차 드문 곳
버려지듯 세워진 비문 하나

죽어서라도
육신의 가루라도
조국의 품으로 스며들고파
흑룡강가에 뿌려진 그의 넋

<
지금도 동해를 향해 흐른다
아직도 이국의 하늘가를 떠도는
애국의 마음과 정신

먼 하늘 끝
흑룡강가에서
꿈틀거리며 흘러간다
─「흑룡강가에서」 전문

 애국지사의 비 앞에 서서 묵념을 한 사람은 많았지만 시를 쓴 사람은 많지 않았다. 이상설의 생애와 유언, 그리고 그의 투철한 애국정신이 이 한 편에 잘 담겨 있다. 마찬가지로, 우리나라 사람 중 백두산에 가 본 사람은 꽤 되지만 백두산의 역사적 의미와 현재적 의미를 짚어본 사람은 많지 않다.

남의 땅을 밟고서야 오른 민족의 머리
백두산
그 반쪽조차도 이름이 달라진 너

반세기 그리움 품고 왔건만

건너다보이는 내 나라 산봉우리
아득하기만 하구나

마음으로 얼싸안고 눈으로 가슴으로
더듬어 본다

이천칠백오십여의 까마득히 높은 기상
넉넉한 너의 품 안에 안긴 나그네는
백두와 장백으로 나뉜 이념의 골짜기에서
가슴에 흐르는 설움에 목메어 운다

백두산아 아는가

언제까지 우리는 아파해야만 하는지
언제까지 우리들은 그리워만 해야 하는 것인가
언제 조각난 네 이름 다시 찾을 수 있을지

천지에 물 마르기 전
너의 머리에 태극기 휘날리는 그날을
손꼽아 보련다

—「백두산」 전문

우리는 백두산이라고 부르는데 중국에서는 장백

산이라고 부른다. 게다가 백두산 중 중국이 점령하고 있는 쪽이 북한에서 차지하고 있는 부분보다 더 넓다고 한다. 우리는 당연히 중국 영토를 통해 백두산에 올라가게 된다. 시인은 "반세기 그리움 품고 왔건만/ 건너다보이는 내 나라 산봉우리"여서 가슴이 아프다. 분단된 북한 땅에는 한 발도 내디딜 수 없다. 사실은 저쪽 산이 우리 백두산인데 바라보기만 한다. 그래서 "백두와 장백으로 나뉜 이념의 골짜기에서/ 가슴에 흐르는 설움에 목메어" 울고 만다. 시의 마지막 2연에서는 통일에 대한 시인의 간절한 염원을 읽어낼 수 있다. "천지에 물 마르기 전/ 너의 머리에 태극기 휘날리는 그날을/ 손꼽아 보련다"는 장한 결심이 지금은 요원한 소망이 되고 말았다. 김정은이 핵미사일을 만드는 데 만족하지 않고 핵잠수함을 만든다고 한다. 그가 힘 자랑, 무기 자랑을 하는 동안 통일의 바람은 점점 옅어지고 있으니 이 시의 주제가 더욱 무겁게 다가온다.

연해주
너른 들녘

온통 노랑 민들레

이념의 회오리바람에 실려
차지한 이국의 땅
뻗어 내린 발끝
꼿꼿한 자존심
조선인의 긍지
곳곳마다
꽃망울 매달아

임들이 살다 간 흔적 위에

조선을
한국을
꽃피우고 있다

―「민들레」 전문

이런 시에서도 시인의 민족적 정체성에 대한 탐구와 함께 연해주 곳곳에 남아 있는 독립운동가들의 발자취에 대한 탐색이 느껴진다. 그런데 이런 시의 편수가 적은 것이 아쉽다.

시인의 추억담을 죽 들어보니 우리가 흔히 말하는

산전수전을 다 겪었음을 알 수 있다. 바닷가에 구르는 몽돌에는 이끼가 끼지 않는다고, 상처가 힘이 되었다. 심신을 튼튼하게 했다. 갖가지 상념이 마음을 들쑤시면 목욕하고 "상념의 보따리 하나를" 건물 밖으로 달리는 차량 위에다 던져 버린다.

  마음이 시끄러운 날
  목욕을 한다
  말끔히 씻고 나왔는데

  닦인 줄로 알았는데
  졸
  졸
  따라오는 여전한 생각
  문을 세차게 닫아 버렸다

  먼저 들어와 앉아 있는 저
  뻔뻔함

  창문을 열어 버렸다
  건물 밖으로 달리는 차량의
  속도

그 위에 상념의 보따리 하나를
던져놓고 급하게 다시 문을 닫았다

—「번민」 전문

이런 대범한 성격을 갖기까지 얼마나 많은 아픈 사연들을 겪었던 것일까. 하지만 마침내 시인이 되었고, 시로 추억담을 하나하나 풀어내는 과정에서 스스로를 치유할 수 있게 되었다. 이부자 시인의 인생관이나 세계관을 잘 나타낸 또 한 편의 시가 있다.

전철 속 마주한 군상들이 졸고 있다
저마다의 삶을 눈꺼풀 위에 얹고
찰나 충전의 시간

내리실 손님은 오른쪽입니다

친절한 안내에 놀란 인생의 주인
황망히 뛰어내린다
매달린 삶의 무게를 달고

몸부림치듯 세파를 가르며
종일 피라미만큼의 생존의 떡과

노래미 같은 자식을 위한 처절함과
지친 무릎, 힘을 다해
바다로 간다

생존으로 흘린 눈물처럼
짜디짠
생의 바다로 간다

—「생의 바다」 전문

인간은 어느 누구나 자신의 짐을 지고 살아간다. 재벌이라고 해서 돈 걱정을 하지 않는가. 더 불리기 위해 더 고민을 할 것이다. 사람은 다 "매달린 삶의 무게를 달고" 살아간다. "몸부림치듯 세파를 가르며/ 종일 피라미만큼의 생존의 떡과/ 노래미 같은 자식을 위한 처절함과/ 지친 무릎, 힘을 다해/ 바다로" 가는 것이다. 그래서 나날의 삶을 불가에서는 '고해'라고 하고 저잣거리에서는 '세파'라고 하지 않는가. 무슨 생각을 골똘히 하다가 내려야 할 지하철역을 지나칠 뻔한 승객이 황망히 뛰어내리는데, 그는 또 "생존으로 흘린 눈물처럼/ 짜디짠/ 생의 바다로" 간다. "장애인들의 한글 수업/ 지적 장애인/ 뇌경색 환자/ 오른손 마비/ 자폐증 청년"(「꿈을 가꾸다」)이 함께 살아가는 세상이다. 사람들이 저마다 다 힘든 생을 살아감을, 이 나이가 되어 시인이 깨닫고서 몽돌처럼 성격도 원만해진 것이리라. 해설에서 언급하지 않은 다른 시편도 이런 관점에서 읽어내면 바로바로 이해가 될 것이다.

> 뿌연 안개 빗속
> 부족한 시력으로 앞을 향한다
> 먹먹한 가슴
> 그리움으로 토해내리라
> 목청 돋우어 희망의 노래
> 불러보리라
> 찌꺼기처럼 안고 산
> 미움과 원망
> 흘려보내고 가벼운 몸과 마음
> 계곡의 물처럼 이대로 흘러가리라
> ―「이대로 흘러가리라」 후반부

왜 방송대학에 들어갔는지, 왜 시인이 되었는지, 왜 문예창작과 전문가 과정에 다녔는지, 이 한 편에 그 이유가 다 나타나 있다. 그리움을 토해내고 싶은 것이다. 목청 돋우어 희망의 노래를 부르고 싶은 것이다. "찌꺼기처럼 안고 산/ 미움과 원망" 다 흘려보내고, 이제는 "가벼운 몸과 마음"으로 "계곡의 물처럼 이대로 흘러"가겠다고 말한다. "열매가 달거든 그 나무의 뿌리를 보라/ 생명의 근원이 어디에서 오는지"(「본질에 대하여」) 알고 있는 시인에게 고개 숙여 경의를 표한다. 이번에 내는 시집은 이부자 시인의 첫 시집이다. 앞으로 더욱 열심히 언어의 밭을 가꿀 거라고 믿는다. 그토록 거친 인생행로를 헤쳐 왔는데, 무엇이 두렵단 말인가. 이제 치열하게 시를 쓸 일만 남아 있다.